청암(淸岩) 성병조 제2시집

일행에 내린
추억의 도시여

※ 본 시집은 한국예술인복지재단의 2025년 일반 예술활동준비금
 (구, 창작준비금)으로 인쇄제작되었습니다.

기획·발행처　도서출판 한국인

출판·인쇄처　도서출판 釜山文學

차례

제1부 | 도시의 속삭임

봄이 오면 님이 오시려나 · 009
봄날의 비 · 010
희망찬 봄이 오다 · 011
따뜻한 봄날 · 012
화창한 봄 · 013
목련 꽃은 떨어지고 · 014
사랑을 실천하면 · 015
4월의 노래 · 016
만학도의 꿈 · 017
만학도 교실 풍경 · 018
도시의 속삭임 · 019
안중근 의사의 정신을 기리며 · 021
서글픈 봄날은 간다 · 023
장맛비 · 024
여름에 피는 백일홍 · 025
상처와 치유 · 027
여름날의 풍경 · 028
가곡 교실 · 030
유관순 누나를 그리며 · 031
해마다 6월이 오면 · 032

제2부 | 바람이 들려주는 고백

한 마음 한 뜻으로, 애국의 길을 걷다 · 034
고마운 친구 · 035
사촌 형님을 떠나보내며 · 036
쓸쓸한 가을 · 037
바람이 들려주는 고백 · 038
공수래공수거 · 039
잃어버린 추억의 도시여 · 040
님의 얼굴 · 041
일본 91살 노신사의 늦깍이 시인 · 042
만인의 꾀꼬리 미소라 히바리를 기리며 · 044
운람사 풍경 소리 · 046
깊어가는 가을, 진주시의 풍경 · 047
고요한 시간 속에서 · 048
사라지는 풍경 · 049
쓸쓸한 가을의 밤 · 050
낙엽길에서의 사색 · 051
삭풍이 불어오면 · 052
아버지의 뒷모습을 회상하며 · 053
눈 내리는 겨울 · 054
봉래동 시장 · 055

제3부 | 침묵속의 울림

찬 바람 부딪치자 · 057
나뭇잎의 마지막 춤 · 058
막한 도시에 청춘을 묻고 애달픈 인생살이 · 059
침묵속의 울림 · 061
시간의 소중함 · 062
님의 등불 · 063
마지막 전철을 타고 · 064
님은 가시고 노래만 남아 · 065
황혼의 노래 · 066
슬픔은 떠나가고 · 067
우리가 살면서 · 068
노오란 만리향 꽃 · 069
홀로 핀 야생화 · 071
단풍에 젖어보며 · 072
나쁜 인연 · 073
가끔은 어리석은 척 살아보자 · 074
대동여지도 김정호 · 075
겨울의 문턱에서 · 076
가을이 가네 · 077
아버지, 어머니 고맙습니다 · 078

제4부 | 이빨 뽑던 날

인생길 · 080
영원한 은혜여 · 081
구십 네 살에 TV 무대에 올라 · 082
행복했던 어린 시절 · 083
나는 컴맹이다 · 084
외할머니 그리워라 · 085
어둑한 남산동 · 086
오곡백화 · 087
토함산 가는 길 · 088
이빨 뽑던 날 · 089
희망 · 090
독도를 수호하며 · 091
발명왕 에디슨 · 092
소파 방정환 선생을 기리며 · 093
일본 미우라 아야코 여사 · 094
아버지의 뒷모습을 회상하며 · 095

작가의 말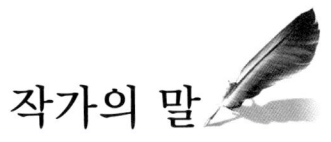

늦깎이 75세 봄이 오면 님이 오시려나?
모든 소망을 안고 썼습니다. 아무튼 준비 없이 제2집을 펴냈습니다. 많은 시행착오를 거듭하며 망설이다 용기를 내어 도전합니다. 이것도 시라고 썼냐? 라고 욕 들을 각오를 하고 도전합니다.
제2집, 무거운 설렘과 잔잔한 떨림 속에서 내어놓게 됩니다.
서툴고 소박하지만 이 시들이 누군가에겐 작은 위로가 되고 잔잔한 공감을 전해주었으면 하는 마음입니다.
제 삶도 그리 평탄하지 않습니다. 만나고 헤어지고 크고 작은 순간들이 시를 쓰게 하였습니다. 이 보잘 것 없는 시집으로 인해 읽는 여러분들의 마음이 저의 마음과 영원히 이어졌으면 합니다.
끝으로 오랜 세월동안 제 곁에서 따뜻한 격려를 건네주신 친구 정수창, 김성문 여러 친구들의 고마운 우정을 가슴에 새기겠습니다. 일일이 이름을 밝힐 수 없는 분도 많습니다. 감사한 마음으로 더욱 정진하겠습니다.
일본의 91세로 시인에 데뷔한 노 작가님으로 말미암아 많은 용기를 얻었습니다. 보잘 것 없는 제2집을 많은 격려와 지도편달하신 도서출판 한국인 대표 김영찬 님께 감사를 드립니다. 윤정화 시인께도 감사를 드립니다. 뒤에서 격려해주신 경호고교 강동명 교감선생님께 진심으로 감사드립니다. 한국예술인복지재단 창작지원금으로 이 시집을 내었음을 밝혀드립니다.

2025년 7월 10일

청암(淸岩) 성 병 조

제1부 | 도시의 속삭임

봄이 오면 님이 오시려나

겨울 끝자락 바람이 물러가고
따스한 햇살이 산길을 비추네
눈 녹은 자리에 피어나는 새싹
그 속에서 님의 발 소리를 기다리네

꽃망울이 터지는 소리
강물 위로 흐르는 봄빛이 반짝이며
님이 올 길을 비추는 듯 하구나
그리움은 새들의 노래에 실려 퍼진다

바람결에 실려오는 향기 속엔
님의 흔적이 숨어 있을까
산벚꽃 흐드러진 가지 아래에서
그들을 기다리는 마음은 더 짙어지네

봄이 오면 님도 오시려나
그대의 미소가 햇살에 겹쳐지려나
봄은 늘 약속처럼 찾아오는데
그대와의 약속은 언제 이루어질까

봄날의 비

올봄은 유난히도 궂은 비가 자주 내린다
우중충한 기후에 세상을 씻어주려고
비는 그침 없이 내린다

촉촉이 습기를 내뿜으며 한 줄기 비
공허한 마음을 가르며 잘도 내린다
온 천지간에 피해를 줬다
시골 마을까지도 잠겼다
공허한 마음 달래줄 빗줄기였는가
빗소리에 댓잎 산들산들 생기를 품는다

도시의 가로수 훤하게 밝혀주는
이팝 잎은 우수수 낙화 되어 떨어진다
청소부 아저씨 빗질을 쉴 틈 없이 쓸어 담는다
한 폭의 수채화는 떠나고
어느새 후덥한 열기 품고
여름이 다가오고 있다
이팝 꽃 떨어진 거리에는
날씨부터 뜨거운 여름이 오고 있다

희망찬 봄이 오다

차가운 바람에 움츠렸던 가지 끝에
어느새 연둣빛 새싹이 돋아난다
긴 겨울을 견뎌낸 나무들은
마치 아무 일도 없었다는 듯
조용히 꽃망울을 틔운다

아침 공기엔 향기가 섞이고
부드러운 햇살이 뺨을 어루만진다
거리마다 노란 개나리가 인사하고
벚꽃은 수줍은 미소로 피어난다
새들은 다시 노래를 부르고
멈춰 있던 강물도 흐르기 시작한다

겨우내내 얼어붙었던 마음도
조금씩 풀려가는 걸까
어두웠던 날들은 지나가고
희망이 새싹처럼 돋아난다

새로운 시작을 알리는 계절
멈춰 있던 꿈을 다시 꺼낼 시간
봄은 말한다
괜찮다고 다시 시작해 보라고

따뜻한 봄날

햇살이 내려 조금씩 눈을 떠
창문을 열고 바람이 불어와
거리의 꽃들 피어나 향기로운
따뜻한 봄날 우리 같이 걸을래

새들이 노래 기분 좋은 멜로디
웃음 가득한 사람들 모여서
차가운 겨울 밖으로 던져 버려
새로운 시작 가벼운 발걸음

따뜻한 봄날 너와 나의 이야기
손잡고 걷는 거리 너무 아름다워
봄바람 불어올 때 우리의 사랑
햇빛처럼 따스하게 비춰줘

초록 잎사귀 반짝이는 아침
꽃잎이 날려 춤을 추듯이
서로를 느끼며 달콤한 순간
따뜻한 봄날 속의 사랑 이야기

눈부신 햇살 너의 미소 담겨
하늘을 바라보며 꿈을 꿔보자
봄바람 불어오면
햇빛처럼 따스한 봄날

화창한 봄

아침 햇살이 부드럽게 내려앉아
세상을 금빛으로 물들이고,
따스한 바람은 꽃잎 사이를 지나며
살랑이는 춤을 춘다

들판에는 초록빛 물결이 일렁이고
가지마다 피어난 꽃들은
마치 환한 미소처럼
봄의 향기를 퍼뜨린다

파란 하늘 아래
새들은 노래하고
발걸음마다 들리는 새싹의 숨결은
희망과 설렘으로 가득차 있다

오늘은 화창한 봄날
모든 것이 새롭고
모든 것이 빛난다
우리의 마음도 이 계절을 닮아
한없이 맑아진다

목련 꽃은 떨어지고

목련 꽃은 떨어지고
하얀 숨결같은 기억만 남았네
햇살에 비친 그 고요한 순간
마치 말을 아끼는 이별처럼
조용히 그러나 깊게 스며들었지

짧게 피고 곧 지는 것을 알면서도
목련은 온 마음 다해 피었고
우린 그 아래서
한때의 따뜻함을 품었네

꽃이 지는 건 끝이 아니야
눈부셨던 봄이
우리 안에 머물렀다는 증거지

흩날린 꽃잎 위로
새 계절이 걸어오고 있어
비워낸 자리마다
또 다른 빛이 피어날 테니

사랑을 실천하면

사랑이란 말
입술에 머무는 꽃잎 같지만
진짜 사랑은 말이 아닌 행동에서 시작하지요

당신이 남긴 그 따스한 손길
차가운 세상 속 나를 감싸 안아주던 기억
그것이야말로 사랑의 진짜 빛이었어요

바람이 불어와 내 마음을 흔들어도
그대가 베푼 사랑의 불씨는 꺼지지 않고
어둠 속에서도 한 줄기 빛으로 남아 있었지요

살다간 이 세월 속에 남은 그리움
한 편의 시로 엮어 부르짖어도
가슴 깊이 애달픈 사랑은 여전히 흐르고 있어요

사랑을 실천하면
비로소 영혼은 자유로워지고
눈물도 미소도 모두 그대에게 닿을테니
우리 서로를 더 깊이 이해할 수 있으리라

내 삶에 스민 그대의 온기처럼
진실된 사랑은 시간을 넘어
끝없이 이어지는 노래가 되어
우리 마음에 영원히 머물러 있을 거예요

4월의 노래

황혼은 늘 이별 같지만
빛은 쉽게 사라지지 않아요
해는 져도
그 붉은 여운은 오래도록
하늘 끝에 머무르죠

지나온 날들이 등을 돌려도
바람은 아직 따뜻하고
잔잔한 빛은
마치 다시 피어날 꽃봉오리처럼
숨을 고르고 있어요

어둠은 결코 종말이 아니라
하루를 덮어주는 담요
내일의 햇살이
더 부드럽게 태어나기 위한
고요한 무대예요

4월은 그렇게
떠나는 빛 속에서도
희망의 씨앗을 감추고
다시 피어나려는
마음의 노래를 부르네요

만학도의 꿈

늦었다 말하는 이는 많았지만,
내 마음은 아직 청춘이었다

책장을 넘기는 손 끝에
설렘이 피어나고

칠판 위에 흰 글씨가
별빛처럼 반짝였다

잊었던 꿈이 다시 깨어나
나를 부르짖는다

한 걸음 또 한 걸음
느려도 멈추지 않으리
지식의 길 끝에서
나는 나를 만나리라

만학도 교실 풍경

낡은 책상 위에 놓인
희고 고운 공책 한 권
삐뚤빼뚤 적어 내려간 글씨마다
늦게 핀 배움의 열망이 숨 쉬고 있다

철판 위로 번지는 분필 가루 속에서
선생님의 목소리는 조용히 흐르고
귀 기울이는 눈빛들엔
세월이 남긴 주름도 배움 앞에선 고요하다

창밖으론 오후 햇살이 스며들고
바람에 흔들리는 나뭇잎 소리가
잠시 머뭇거리던 생각들을 다독여 준다

뒤늦게 손을 들어 질문하는 그 손길에
옆자리 이웃도 살며시 고개를 끄덕인다
한 글자 한 줄 한 페이지를 넘어
배움은 조용히 깊어간다

그들은 누구의 어머니요 아버지요
긴 인생을 건너와 오늘 이 교실에 앉았다
지금 이순간만큼은
세월도 지우지 못한 배움의 열기로 가득하다

도시의 속삭임

회색빛 아스팔트 위로
수많은 발걸음이 지나가요
조용히 깨어난 새벽의 골목
거리의 숨소리가 들리죠

신호등의 붉은 손짓
스치는 자동차의 긴 한숨
도시는 말없이 속삭여요
나는 너희의 이야기를 품고 있어

빌딩 사이로 스며드는
희미한 햇살은 고단한 어깨를 감싸고
가로등 불빛 아래
흐릿한 그림자들이 춤을 춰요

소음 속에 묻힌 작은 웃음
길모퉁이 커피 향에 담긴 추억
도시는 속삭여요
나는 너희의 이야기를 품고 있어

빌딩 사이로 스며드는
희미한 햇살은 고단한 어깨를 감싸고

가로등 불빛 아래
흐릿한 그림자들이 춤을 춰요

소음 속에 묻힌 작은 웃음
길모퉁이 커피향에 담긴 추억
도시는 속삭여요
나는 너희의 오늘을 지켜 보았어

어느새 스르륵 잠드는 밤
별 대신 네온사인이 깜빡이고
고요 속에 남은 도시의 숨결은
내일을 향해 말을 걸어요
나는 여기에 있을게
너희가 꿈을 꾸는 한
내 속삭임은 멈추지 않을 거야

안중근 의사의 정신을 기리며

하늘도 숨죽인 그날
나라가 짓밟히고 백성의 눈물은 강이 되었나이다
어둠 짙은 그 밤 속에서도
한줄기 빛으로 타오르신 님이 계셨나이다

두 손 모아 기도하고 붓을 들어 맹세하며
동포의 슬픔을 가슴에 품고
정의의 길을 스스로 걸으셨나이다

작은 한 몸 바쳐 큰 뜻을 이루고자
죽음을 두려워 아니하시고
오직 나라의 내일을 위하여
님의 발걸음은 흔들리지 않았나이다

내가 죽더라도 우리 독립은 반드시 이루어지리라
님의 그 믿음 그 말씀이
오늘을 살아가는 우리 가슴에 살아 숨쉬나이다

단지 총 한 방의 울림이 아니었고
님의 방아쇠 아래 깃든 것은
억눌린 조국의 통곡과
다시 일어설 겨레의 희망이었나이다

옥중에서도 붓을 들고 평화를 외치며
진정한 동양 평화를 꿈꾸셨나이다
님께서 새긴 그 한 글자 한 글자가
세월이 흘러도 빛을 잃지 아니하옵니다

님의 의거는 복수가 아니요
정의였고
님의 죽음은 끝이 아니요
새로운 시작이었나이다
오늘 이 땅을 딛고 살아가는 우리들
부끄럽지 않은 후손 되기를 다짐하옵니다
님의 고귀한 피 위에 피어난 이 조국이
더 큰 빛으로 세상을 비추게 하옵소서
잊지 않겠습니다

님의 이름 안중근
의로 새긴 그 이름은
이 겨레의 가슴 속에
영원히 꺼지지 않는 등불로 타오르나이다

서글픈 봄날은 간다

서글픈 봄날은 간다
말 없이 피고 조용히 스러진 꽃잎처럼
누군가의 웃음 속에 스며 있다
눈물처럼 사라진 햇살 한 조각

따스했던 바람도
이젠 어딘가 멀리 가버렸고
남겨진 우리는
어느새 낯선 계절을 기다린다

그토록 눈부셨던 나날도
지나고 나면 다만
가슴 저린 기억 한 편
사진 속 흐린 빛깔로만 남는다

하지만 봄은 또 오겠지
다시 웃고 다시 피어나리니
그때도 오늘을 기억할 수 있다면
서글픔조차 사랑일테니

장맛비

이틀째 장맛비는 그칠 줄 모르게
전국을 강타하고 있다
온 인류의 재앙 코로나 균은 잡히질 않고
정치 경제 안전사고는
쏟아지는 소낙비처럼 그칠 줄 모르며
우리 민생고를 위협한다

저 높은 고층 건물이 비에 젖고
지대가 낮은 집들이 물에 침수되고
곳곳에 물폭탄 동천마저 침수되었다는
뉴스 속보를 들었다

80미리 쏟아지는 비는
저 범람하는 빗물을 막을 수가 없구나
애꿎은 서민만 젖어 버렸구나
세 사람 고립되어 죽어갔다

그래도 시간 지나면
장대같이 쏟아지는 비도 멈추고
높은 하늘도 맑게 개이겠지
코로나도 물러가고 나쁜 재앙도 물러가고
청명한 좋은 세상 다가올 거야

여름에 피는 백일홍

타는 듯 뜨거운 여름 하늘 아래
백일홍은 또 다시 피어올랐나이다
이별의 손끝에서 남겨진 나날 속에
님의 얼굴을 그리며 피고 또 피었나이다

그대 떠난 그날 이후로
이 뜰 안 백일홍은 내 마음이 되었나이다
긴긴 백일동안 지지 않고 붉게 타오르며
님을 향한 그리움만 새롭게 피워내나이다

폭염속에서 숨막히는 해가 내리쬐어도
바람 한 점 없는 날에도
이 작은 꽃잎들은 오직 님의 걸음 소리 기다리며
붉은 피처럼 애틋이 흔들리나이다

혹여 저 길 끝에
먼 하늘 구름 사이로
님의 그림자라도 어른거릴까
매일같이 목 빼어 기다리나이다

그러나 님은 오시지 않고
태양은 더욱 높이 타오르며

꽃잎 하나 둘 타들어 떨어지고
마침내 백일홍마저 숨을 죽이오나이다
떨어지는 꽃잎마다 내 한숨이 되어
뜨거운 땅바닥에 쌓이옵니다
그 위로 태양빛은 가차없이 내리꽂고
그리움은 더욱 짙어만 가나이다

백일을 버틴 그 애틋한 기다림이
이제는 바람결에 흩어져 흙으로 돌아가오나
님의 이름은 여전히 내 가슴속 붉게 살아
새로운 여름마다 다시 피어납니다.

다음 해 여름이 오거든 부디 기억해주소서
한 여름 백일홍은
한 사람을 애타게 기다리다
이별의 불볕 아래 스러져간
한 송이 꽃의 이야기였음을

상처와 치유

깊게 패인 흔적
아물지 않은 기억의 조각들이
내 마음 한 구석에 날카롭게 남아 있어요
어디로도 흘러가지 못한 눈물처럼

시간이 지나면 괜찮아질 거라는
수많은 말들이 메아리치지만
상처는 아무렇지 않은 듯
나만의 무게로 나를 눌러요

하지만 어느 날
햇살이 내 얼굴을 살며시 어루만지고
한 줄기 바람이 내 귓가에 속삭이죠
여기서 멈추지 않아요

작은 손길 따뜻한 말
우연히 들은 노래 한 곡이
조금씩 무뎌진 나를 일깨워요
다시 걷는 법을 배우게 하죠

상처는 사라지지 않지만
치유는 자라는 나무 같아요
그 흔적마저 내 이야기가 되어
더 깊이 뿌리내리는 나

그리고 깨달아요
아픔이 있기에
내 안의 빛은 더 선명해졌다는 걸

여름날의 풍경

아침 햇살이 이불 위에 살포시 내려 앉을 때
여름은 이미 창밖을 가득 채우고 있다
햇살은 반짝이고 바람은 향기롭고
어디선가 매미 소리가 하루를 깨운다

창문을 열면 습기를 머금은 공기
꽃 피운 나무들 사이로 퍼지는
싱그러운 풀내음과 먼지 섞인 태양의 냄새
그 모든 것이 여름이라는 이름을 안고 찾아온다

골목길엔 빨랫줄에 걸린 흰 셔츠가 펄럭이고
아이들은 아직도 아침인 줄 모르고
텅 빈 놀이터로 달려간다
그 웃음은 여름의 언어다

정오의 태양은 그늘마저 삼키고
뜨거운 아스팔트 위로
햇살이 춤추듯 일렁인다
가로수는 숨을 죽이고 나뭇잎은 땀을 흘린다

버스정류장 그늘 아래
손부채를 흔들던 노파의 눈빛은
아득한 기억 속 어느 여름을 떠올리고
말없이 그 속을 다시 걷는 듯하다

저 멀리 들리는 아이스크림 트럭의 멜로디
그 소리에 아이들은 발을 멈추고
땀에 젖은 손으로
차가운 단맛을 잡아당긴다

논두렁엔 푸르른 이삭이 고개를 들고
풍경은 초록으로 가득하다
바람이 지나갈 때마다
여름은 또 다른 색으로 물들고 있다

오후 세 시쯤이면
모든 것이 조용해진다
그늘 밑 고양이도 나뭇가지도
햇살과 타협하며 고요를 배운다

그러다가 해가 기울면
다시 들려오는 발걸음 이야기 웃음
창문 너머로 스며드는 뜨거운 열감
어디선가 시작되는 라디오의 음악소리

하늘은 이제 노란 빛에서 주황 빛으로
그리고 붉은 빛에서 보랏빛으로
조용히 아무 말 없이
자신을 물들인다

가곡 교실

피아노 한 대 오래된 책상
그 위에 펼쳐진 악보 한 장
창밖으로 햇살이 들어오면
우리의 목소리도
그 빛을 따라 피어납니다

조심스러운 첫 음
숨 고르며 부르는 한 소절
때론 떨리고
때론 마음이 먼저 울려
소리가 따라오지 못 할 때도 있어요

선생님의 피아노 반주에 맞춰
조용히 화음을 맞추는 순간
우리는 각자의 이야기를
하나의 노래로 엮어갑니다

노래는 기술이 아니라
마음으로 짓는 시라며
눈을 감고 부르던 어느 날의 모습
그 안에 봄날의 감정이
가을의 눈물이 스며 있습니다

가곡 교실은
단지 노래를 배우는 곳이 아니라
서로의 마음을
조용히 들여다보는 작은 무대였습니다

유관순 누나를 그리며

기미년 삼일절 찬 바람 불던 그날 태극기 높이 들고 외치던 목소리 대한의 하늘 아래 울려 퍼졌네 그 작은 손끝에 담긴 용기 그 뜨거운 심장에 새긴 자유 그대는 불꽃이 되어 타올랐네
쇠사슬에 묶여도 꺾이지 않았고 어둠 속에서도 빛을 잃지 않았네 한 걸음 또 한 걸음 그대가 걸어간 길 위에 우리의 봄이 피어나고 조국의 이름이 새겨졌네
고통 속에서도 흔들리지 않았던 마음 죽음 앞에서도 떨지 않았던 눈빛 그대의 외침은 바람이 되어 백 년을 지나 지금도 들려오네 "대한 독립 만세!" 그날의 메아리는 사라지지 않네
유관순 누나여 그대의 희생이 헛되지 않도록 우리는 기억하겠습니다 그대가 꿈꾸던 자유와 봄을 이 땅에 영원히 피어나게 하겠습니다.

해마다 6월이 오면

해마다 6월이 오면
푸른 하늘 아래
조용히 펄럭이는 태극기를 바라본다
바람에 나부끼는 그 물결마다
조국을 위해 쓰러져 간
선열들의 숨결이 스며 있다

적막한 현충원의 언덕 위에
흰 국화꽃이 한 송이씩 놓이고
묵념하는 이들의 눈가에
뜨거운 감사가 맺힌다
잊지 않겠다는 다짐과 함께

그들이 남긴 것은 단지 이름이 아니라
우리가 누리는 이 평화요
우리가 지켜야 할 이 나라이다
총성과 포화 속에서도
조국을 향해 외쳤던 선열들의 신념이
이 땅에 깊이 뿌리내렸다

해마다 6월이 오면
우리는 다시 한번 마음을 모은다
그 희생을 헛되이 하지 않겠다고
우리는 선열들의 정신을 헛되이 하지 않겠다고

제2부 | 바람이 들려주는 고백

한 마음 한 뜻으로, 애국의 길을 걷다

푸른 하늘 아래 펼쳐진 이 땅
조상의 숨결이 깃든 우리의 나라
험난한 세월을 넘어
수많은 희생 위에 세워진 곳
우리가 지켜야 할
우리가 사랑해야 할 조국이여

강산이 변하고 시대가 달라져도
흘러온 피와 흐르는 정신은 같다
한 마음 한 뜻으로 모여
우리는 다시 조국을 부른다

애국이란 무엇인가
칼과 창을 드는 것만이 아니라
작은 행동 하나라도
나라를 위한 길이라면
그것이 곧 애국이다

흙 한 줌도 소중히 여기고
작은 꽃 한 송이도 아끼며
서로를 돕고 함께 나아가는 것
그 마음이 모여
조국의 기둥을 세우리라

고마운 친구

외롭고 고독한 친구를
진주냉면 맛있게 하는 식당이 있다고 하면서
초대하여 냉면을 대접했다
아아, 맛있다
고마워하면서 맛있게 맛을 음미하며
한 그릇을 비웠다

당리 전철역에서 30분 정도 뙤약볕을 진땀 흘리며 걸어갔다
맛있게 먹고 또 걸어서
시원한 팥빙수까지 대접했다
그도 어려운 처지지만 친구를 대접하려는 갸륵한 마음이었다

너와 나의 만남은 하늘의 뜻이었다
소중한 인연의 만남을 늘 소중히 간직하며
이 생명 다하는 날까지
영원한 친구로서 서로 도와가며
상부상조하며 살아가자꾸나
신앙의 바탕 속에 맺은 우정
영원한 우정 영원히 간직할게

사촌 형님을 떠나보내며

마음의 지주 같이 나를 지켜준
사촌형님 영계로 가신지 100일 해탈하시옵소서
운람사, 대웅전에는 진한 향불 내음 촛불이 밝혔다
삼존불이 날 반기네

물밀듯 밀려오는 우리 형님 그리움을 어찌 말로 다 할까요
빌려 받은 93세 육신을 돌려드리고 극락 옥토 환생하시옵소서
등오 스님 염불 소리
천등산을 울리게 모든 시름 다 내리시고
운람사 법단에는 진한 향냄새
촛불이 타는 삼존불이 날 물밀듯 반기네
밀려오는 그리움 속으로 되새기며
부처님의 자비로움을 깨닫고

노란 가득 삼생 삼세 영원히 빛나리라
부처님 인도 따라 삼생 삼세 영원히 인연대로 가시옵소서
오는 인연 가는 인연 전생 인연대로 되어옵니다
헌 옷 벗고 새 육신 받아 만인의 빛이 되어 다시 오시옵소서

쓸쓸한 가을

쓸쓸한 가을 바람이 불어
낙엽이 떨어지는 소리 들려
그 때 그 날의 우리 둘 모습
기억이 나서 눈물이 흘러

노란 은행잎 길을 따라
함께 걷던 그 시간들을 떠올려
웃음 가득했던 그 날들이
이제는 다시 오지 않네

쓸쓸한 계절이 내게 찾아와
그대 없는 외로운 밤이 길어
그리움의 노래 부르며
다시 그대를 기다려

가로등 아래 그림자 하나
외로움에 떨고 있는 나의 마음
그대의 따스한 손길
그리워서 가슴이 아파와

하루하루 지나 정확히
또 다른 계절이 올 텐데도
그리움의 노래 부르며
다시 그대를 기다리리

바람이 들려주는 고백

흔들리는 나뭇잎 사이로
부드럽게 스며드는 바람이 말해요
나는 저 멀리 바다의 노래를 가져왔어요
파도의 숨결을 담아

고요한 들판을 지나며
나는 당신의 귓가에 속삭였어요
저 별들이 속삭이는 이야기를 들었나요
그들은 당신의 미소를 노래하더군요

바람은 여행자 기억의 수집가
사라지는 향기를 모아
가장 따뜻한 날의 온기와
가장 차가운 밤의 고독을 전하죠

그대의 마음에도 닿을까요?
내가 들려주는 이 고백이
보이지 않는 날개로 날아
당신 곁에서 잠시 머무르길

부디 잊지 마세요
바람은 떠돌지만 늘 돌아온다는 걸
그렇게 당신 곁에
다시 한번 속삭이기를 바라며

공수래공수거

온 산야에 붉은 옷을 갈아입고
행락객을 유혹한다
붉은 단풍 노란 잎사귀를 보러 행락객이 찾아온다

서산에 지는 석양빛이 황혼에 저문다
물이 마른 뿌리에서 힘없이 추풍낙엽처럼
낙화하면서 쓸쓸한 겨울을 느낀다

이 세상엔 영원이란 없다
우리 인간도 늙고 병들고 죽어간다
이것이 자연의 법칙이다
떨어져서 썩고 봄이 오면 싱싱한 꽃잎이 되어 오는 과정이다

인간 몸을 빌려 이 세상에 환생해 오는데
현세에서 좋은 일 많이 하고
남을 위해 공덕을 쌓으며
마음을 닦아 나간 사람은 인간 몸을 빌려 환생해온데요
콩 심은 데 콩 나고 팥 심은 데 팥이 나듯이
마음씨 쓴 데로 덕을 받아온데요
신세 한탄 내리고 내 인연 깨달아
부지런히 덕을 심자

잃어버린 추억의 도시여

앞을 보고 달려가는
도시의 거리는
너도 나도 조용히 도와줄
들어줄 타인들의 거리
날로 각박해지는 삭막한 도시
사랑을 잃어버린 현대의 도시
성공을 향해 달려야 하고
양보란 없는 매정한 인간이 설친다
서로 도와가는 상부상조의 정신이 없다
못 배우고 물질의 빈곤은 발 붙일 데가 없어
도시의 어두운 거리에는
노숙자들이 끼리끼리 놀고 있다
쫓기듯이 발걸음을 옮긴다
도시의 어둠은 짙게 내리고
해가 짧아진 밤이 오는 이 거리에는
갈 곳 잃고 방황하는 이방인들의 소리없는 아우성
사랑과 인정이 넘치는
시대가 언제 오려나 하루 해는 저문다.

님의 얼굴

달빛 고요히 스미는 밤이면
저도 몰래 님의 얼굴이 떠오르옵니다
살며시 웃던 그 미소 고운 눈매
이 밤 하늘 별빛 속에 어른거립니다

이별이란 말 한마디 남기지 못하고
떠나신 그 날 이후로
제 마음엔 늘 빈 자리가 되어
님의 숨결을 찾고 또 찾나이다

봄바람 불 때마다 님의 머릿결이 떠오르고
여름비 내릴 때마다 님의 눈물이 스며듭니다
가을 낙엽 지듯 스쳐간 추억들 위로
겨울 바람은 차갑게도 불어옵니다

님이 머물던 자리는 여전히 따스하옵고
님의 발걸음이 머물던 길목마다
그 날의 햇살이 아직도 머물고 있사옵니다
그러하오나 님은 다시 오시지 않으시옵니다

저녁마다 등불을 밝혀두오면
혹시라도 님이 길을 잃지 않으시길 바라며

일본 91살 노신사의 늦깍이 시인
-불굴의 의지

구부러진 허리 위로
세월은 가지를 뻗어 주름을 드리웠고
흰 머릿결엔 눈처럼 쌓인 시간이 내려 앉았다
그러나 그 손 안에는 아직도 펜이 쥐어져 있다

아흔 한 해를 건너온 인생길 위에서
이제야 비로소 한 편의 시를 적어내려 간다
남들은 늦었다 하지만
삶은 언제나 새롭게 시작된다

가진 것도 잃은 것도 없는
수많은 세월 속에
그는 배웠다
참된 말은 오래 끓인 국물처럼 깊어지고
고통마저 시가 된다는 것을

새벽 첫 햇살이 창으로 스며들 때마다
탁상 위의 노트는 또 한 장 넘어가고
굳은 손가락은 한 자 두 자 또박또박
삶의 조각을 적어 내려간다

이 나이에 무슨 시냐고
웃던 이들도 있었지만

그 웃음은 바람에 흩날리고
남은 것은 펜 끝에 맺힌 고요한 진실

그의 시는 화려하지 않다.
다만 살아온 날들이 진솔한 뿐이다
눈물과 웃음 이별과 만남
모두 한 줄 시어로 피어난다

이제야 비로소 깨닫는다
시는 젊음이 아니라
지나온 세월과 꺾이지 않는 마음에서 피어난다는 것을

91살 노신사의 책상 위에는
오늘도 한 줄의 시가 태어난다
삶이 멈추는 날까지
불굴의 의지는 여전히 글을 적는다

만인의 꾀꼬리 미소라 히바리*를 기리며

어린 날 작은 무대 위에
빛나던 소녀의 첫 노래
맑고도 강한 목소리가
세상의 마음을 울렸다

전쟁의 어둠 속에서도 꺼지지 않은 빛
미소라 히바리의 미소는
만인의 꾀꼬리
슬픔을 감싸 안는 따스한 햇살

시련 속에 다져진 강인함
그녀의 노래는
고통마저 아름다움으로 승화시키며
한 시대를 노래했다

가장 낮은 곳에서 시작해
세상을 향해 날개를 펴고
수많은 이의 마음에
희망과 꿈을 심었다

가장 낮은 곳에서 시작해
세상을 향해 날개를 펴고
수많은 이의 마음에
희망과 꿈을 심었다

언제나 웃음을 잃지 않고
아픔은 깊게 감추었지만
이 꾀꼬리 미소 뒤에는
불굴의 영혼이 숨 쉬었다

무대 위에서 스크린 속에서
빛나던 전설
미소라 히바리의 노래는 오늘도
수많은 가슴 속에 살아 숨 쉰다

만인의 꾀꼬리 미소
그 따뜻함과 용기
한 생애를 노래로 남긴 그녀는
영원히 우리의 별이다
님은 가시고 노래만 남아

※ 미소라 히바리 : 일본 유명한 엔카의 여왕

운람사 풍경 소리

고요한 아침 천둥산 자락에
운람사의 풍경이 울리네
맑은 바람이 실어 나르는 소리
산새의 노래와 어우러져 퍼지네

한 번 울릴 때마다 마음은 쉬고
두 번 울릴 때마다 걱정이 흩어지네
산사 사이로 흐르는 그 소리는
구름마저 머물게 하는 힘이 있다네

운람사의 처마 끝에는 이슬이 맺히고
작은 연못엔 물결이 잔잔하다
풍경 소리는 바람을 따라 춤추고
가슴속에 고요를 남기고 사라진다

시간마저 느리게 흘러가는 곳
운람사의 소리는 마음의 닻
천년이 지나도 변치 않을 울림
이곳에서 모든 것이 쉬어가네
영원한 도량이여
천둥산 운람사여

깊어가는 가을, 진주시의 풍경

남강 물빛 위로
단풍잎 하나가 조용히 떨어진다
바람은 낮게 불고
시간은 고요히 익어간다

촉석루에 기대선 햇살은
낡은 기와 위에서
노을처럼 변해가고
오랜 이야기들은
강물 속에 실려 흘러간다

골목 사이로 스며드는
국화 향기 낙엽소리
그 모든 게 진주라는 이름 아래
천천히 아주 천천히 물들어간다

이 도시의 가을은
떠나는 것들마저 아름답게 남긴다
비워내는 풍경 속에서도
따뜻함은 지지 않고 남아
마음을 한 번 더 쉬게 해준다
고즈넉한 진주시

고요한 시간 속에서

가을의 낮은 점점 짧아지고
긴 그림자가 땅을 덮는다
하루는 그렇게 서서히 끝나고
고요한 저녁이 찾아온다

한때 활기차게 울리던 벌레들의 합창도
점점 작아져 귀를 기울여야 들리고
달빛 아래 비친 나무 그림자는
그 자체로도 외로운 조각 같다

시간은 느리게 흘러가는 듯하지만
가을의 고요 속에서
우리는 조용히 지나온 날들을 되돌아본다
이 계절은 아무도 방해하지 않는 시간 속에서
우리에게 묻는다
"무엇을 남기고 싶은가?"

사라지는 풍경

눈 앞의 풍경은 점점 색을 잃어가고
붉고 노랗던 잎사귀들은
한 장씩 사라져간다
하늘은 더 높아지고
바람은 더 차가워진다

사람들은 옷깃을 여미며 서둘러 걷지만
그 발걸음 뒤에는 고독이 스며든다
이 계절은 가벼운 것 같지만
그 안에는 무게가 있다
흘러가는 시간
떠나가는 것들
그리고 남아 있는 것들의 이야기로 가득 차 있다

이 모든 것이 사라질 것을 알기에
가을은 더 쓸쓸해 보인다.

쓸쓸한 가을의 밤

깊어가는 밤 가을은 더욱 고요하다
창밖으로 스며드는 바람 소리와
멀리서 들려오는 낙엽 구르는 소리
이 작은 소리들마저
밤의 적막 속에서 울림이 된다

별빛은 차갑고
달빛은 희미하지만
그 아래 세상은 너무나 선명하다
그 선명함 속에서
나는 마음 한 구석의 허전함을 느낀다
누군가의 따뜻한 목소리가
지금 이 순간 얼마나 소중할까

그러나 이 밤은 오롯이 나만의 것이다
쓸쓸함은 온전히 나의 것이고
그 안에서 비로소 나 자신을 만난다.

낙엽길에서의 사색

가을 길은 한적하다
바람만이 그 길을 걷고
낙엽은 그 뒤를 따라 흩어진다
발길은 자연스레 멈춰지고
생각들은 무겁게 가라앉는다

한때는 그토록 푸르렀을 나뭇잎들이
이제는 바스락거리는 소리로
자신의 존재를 알린다
그들의 짧았던 계절이 무엇을 남겼는지 묻고 싶어도
대답은 그저 바람 속에 흩어질 뿐이다

나도 저 낙엽처럼 누군가의 기억 속에 잠시 머물다
언젠가 잊혀질 존재일까
낙엽 쌓인 길은 언제나
우리에게 가장 깊은 질문을 던진다.

삭풍이 불어오면

낙화되어 떨어질 너의 모습
이 세상 영원이란 없다
인간도 늙고 병들고 죽어간다
이것이 자연의 법칙이다
떨어져서 썩어도 거름이 되고
또 봄이 오면 싱싱한 꽃잎되어
다시오는 과정이다
우리 인간은 언제 새 몸을 빌려 받아
인간 세상에 올른지 축생에 떨어질지
억만년의 세월에 몸을 빌려 올지
자연은 알고 있겠지
살아생전 지은 업보
콩 심은데 콩 나고 팥 심은데 팥나고
마음씨 쓴대로 덕을 받아 온다네
한탄할 것도 슬퍼할 것도 없다
부지런히 공덕을 쌓아나가자
생전에 지은대로 거둔다
연분홍 봄을 기다리면서

아버지의 뒷모습을 회상하며
 - 60년 전 돌아가신 아버지를 그리며

저물녘 석양 아래 멀어져 가는 아버지의 뒷모습 넓고 든든했던 어깨 그러나 그 위에 내려앉은 세월의 무게 한 걸음 또 한 걸음 길게 드리운 그림자가 저 멀리 흔들리고 있었네 어릴 적 그 등 뒤를 따라가며 작은 손을 꼭 쥐던 기억 때로는 높아 보였고 때로는 멀어 보였던 그 뒷모습이 이제는 왜 이리 작아 보일까

바람이 불어오면 그대의 헌 옷깃이 가만히 흔들리고 그 손 끝엔 아직도 우리의 삶을 지탱하는 굳은 살이 남아 있네 말 없이 모든 것을 감당했던 손 묵묵히 길을 열어주던 발걸음 언제나 앞서 걷던 아버지 그러나 돌아보면 늘 가까이 있었던 사랑 그 마음을 다 알지는 못해도 이제야 조금은 느낄 수 있을까

지금은 저 멀리 세월 너머 어디선가 바라보시겠지 나는 여전히 그 뒷모습을 좇으며 그 길 위에 서 있네.

66년도 3월 어느날 청도 역전에서 마지막이 될 줄은

눈 내리는 겨울

하늘은 고요히 문을 열고
하얀 꽃잎들이 소리없이 내려온다

차가운 바람조차 잠시 멈춘 듯
세상은 고요속에 잠겨 있다

눈은 땅 위에 부드럽게 쌓이며
모든 흔적을 덮어주고
그 순간 만큼은 과거도 아픔도 사라진다

서늘한 공기 속에 퍼지는
눈 내음이 코끝을 간질이고
발자국 소리는 작게 울려
겨울의 노래가 된다

눈은 단지 차가운 것이 아니라
모든 것을 새롭게 채우는 시작
우리는 그 아래에서 조용히
따뜻함을 되찾는다

봉래동 시장

육이오동란 때부터 봉래동 시장은
발 디딜 틈 없이 사람이 많이도 장보러 왔지
길 건너 남항동 시장에는 발 디딜 틈 없이 문전성사를 이룬다
지금의 봉래동시장은 손님이 없다
낡은 재래시장이 되었다
하루종일 첫 마수도 못했다는 상점이 수두룩하다
있는 듯 없는 듯 세월의 뒤안길에 밀려난 봉래시장
나 어릴 때 엄마 손잡고 봉래시장 가면
이북 피난민 아저씨가 행상을 하다
구루마에 조금 바쳐 악을 쓰는 이북 아줌마
아유 나 죽어
이 놈이 사람을 치어 고래고래 소리 지르면
아저씨는 연신 허리를 굽히며
아줌마 잘못했어요
쩔쩔 매는 아저씨 애처로운 목소리
지금도 내 귓가에 들린다
그 시절이 그립구나
봉래시장 남항시장
길 하나 사이에 그래도
활기 차구나 생존경쟁 치열하구나

제3부 | 침묵속의 울림

찬 바람 부딪치자

찬 바람 부는 광야로
씩씩하게 나아가자
겨울에 피는 꽃
간 밤에 눈보라에 핀
겨울 꽃 이름 모를 나무 위에
활짝 피어 있는 눈꽃
지난 밤 뚝 떨어진
눈보라 속에 피운 꽃도
추위 못 견디어
따뜻한 태양 빛을 애타게 기다린다
따뜻한 손길 뜨거운 눈길
하루 가고 한 달 가도
구원의 손길은 오지 않는다
기다림에 지쳐
오늘도 겨울꽃은 서럽게도
홀로서기로 버티고 있다
봄이 오기를 애타게 기다리고 있다

나뭇잎의 마지막 춤

나무는 서늘한 바람에 몸을 맡기고
떨어지는 잎사귀를 바라본다
한때 초록빛으로 반짝이며
햇살과 함께 춤추던 나뭇잎들은
이제 땅으로 내려와 조용히 잠들 준비를 한다

바람은 그들을 데리고 떠도는 길잡이가 되어
들판 위를 강가 위를 골목길 끝자락을
이리저리 흩어지게 한다
어디에도 머물지 못하는 그들의 모습은
마치 이 계절의 쓸쓸한 얼굴 같다

그러나 그 춤은 슬프지만 아름답고
그 잎들이 깔아놓은 길은
누군가의 발길 아래 새로운 이야기를 기다린다.

삭막한 도시에 청춘을 묻고 애달픈 인생살이

회색빛 빌딩 숲 사이로
이른 아침부터 밤까지
하늘조차 바쁘게 스쳐가는 이 도시에서
나의 청춘도 하루하루 깎여 나간다

신호등 불빛 아래
익숙한 정거장에서 버스를 기다리며
숨죽인 한숨은 빌딩 틈에 스며들고
지친 어깨엔 무거운 하루가 내려앉는다

커피 한 잔에 담긴 위로
이어폰 속 흐르는 노래 한 줄에
잠시나마 마음을 붙잡아보지만
텅 빈 가슴은 끝내 허전하기만 하다

사람들은 각자의 무게를 이고
서로를 스쳐 지나간다
웃음도 눈물도 말조차 줄어든 이곳엔
따뜻한 온기 대신 차가운 빛만 번쩍인다

내일이란 이름으로 견뎌내던 날들
부질없는 꿈을 쥐고 버텨내던 날들
그러나 이 도시의 바람은
참 쉽게도 사람의 마음을 깎아내린다

어느새 스쳐간 사랑도
한때 품었던 소망도
이 거리의 소음 속에 파묻혀
지나간 시간 속으로 흩어진다

누구도 알아주지 않는 수고였고
누구도 위로해주지 않는 외로움이었다
그럼에도 나는 오늘도 이 거리를 걷는다
바라볼 별조차 없는 이 회색 도시를
어릴적 고향의 저녁놀

그리운 것은 가끔 고향의 저녁놀
따스한 손길 어머니의 작은 웃음
햇살처럼 투명했던 어린 날의 기억들
이제는 꿈결 속에서나 어른거린다

그러나 청춘이란 이름으로
나는 이곳에 나를 묻는다
삭막한 도시 한복판에 피어난 작은 희망처럼
애달픈 인생살이도 결국 살아내야 하기에

언젠가 이 계절이 끝나면
어느 골목길 어귀에 피어날 작은 꽃처럼
내 청춘도 한번 피어나기를 바라며
오늘도 묵묵히 하루를 살아낸다

침묵속의 울림

고요한 방안
시간은 망설이며 흐르고
바람 한 점 없는 공간에서
나는 침묵의 소리를 들어요

아무 말 없지만
어딘가 깊은 울림이 있어요
내 안의 감정들이
파문처럼 번져가죠

누군가는 잊혀진 노래라 말하지만
그건 마음의 맥박이에요
말하지 않아도 알 수 있는
눈물과 미소의 흔적

침묵은 차갑지만
그 안에 따뜻한 이야기들이 숨어 있어요
어둠 속에서 빛을 찾듯
우린 그 울림을 느껴요

그리고 깨닫죠
소란한 세상 속에서도
진정 중요한 것들은
침묵속에 머물러 있다는 걸

시간의 소중함

흘러가는 건 물이 아니라
우리의 하루 우리의 마음
조용히 스쳐간 순간들이
가장 깊은 자국을 남겨요
어제의 웃음 오늘의 눈물
그리고 아직 오지 않은 내일까지
시간은 모든 것을 감싸 안고
조용히 앞으로만 걷지요
돌아올 수 없기에
더 소중한 거예요
같은 해는 다시 떠올라도
그때의 나는 다시 오지 않으니까요

지금 이 순간도
곧 과거가 될 미래이기에
사랑을 말하고
감사를 나누고
꿈을 붙잡아야 해요
시간은 우리를 기다리지 않지만
우리는 그 안에서
영원을 만들 수 있어요

님의 등불

저문 들녘 바람결에
님 떠난 날이 다시 떠오르옵니다
고운 손길 스쳐 간 찬란한 봄날은
이제 먼 별빛처럼 아득하옵니다

초가지붕 위로 달빛이 스며들고
빈 방에 님의 숨결만 어른거린다
바람이 스치는 저 창틈마다
님의 목소리 되살아 속삭이옵니다

남겨진 등불만이 꺼지지 못하고
긴긴 밤을 밝혀주옵니다
그 불빛 아래 가만히 님을 그려보오니
애닯은 그리움만 가슴에 차오르옵니다

이 생이 다하도록 님의 그림자는
내 마음 속 등불 되어
영영 지지 않을 불빛이옵니다
그 작은 불빛 속에 님의 얼굴을 그려봅니다

어쩌면 꿈길에라도 다시 마주할까 하여
바람결에 실려오는 듯한 님의 목소리
그 속삭임에 또 다시 눈물이 고이옵니다
이 생이 다하도록 지울 수 없는 그 얼굴
오늘도 님을 모시고 살아가옵니다

마지막 전철을 타고

마지막 전철을 타고
도시는 조용히 등을 돌린다
하루를 삼킨 불빛들 사이로
지친 어깨들이 서로의 침묵을 닮아간다

창밖은 흐릿한 그림처럼
지나간 오늘을 스쳐 보내고
내 안의 고요도
선로를 따라 멀어져 간다

말하지 못 한 마음 하나
흘러간 인연 하나
손잡이에 매달린 채
오늘도 아무 말 없이 돌아간다

다다르지 않아도 좋아
이 밤의 끝에서
잠시 숨 쉴 수 있다면
그것만으로도
우리는 충분히 살아낸 거니까

님은 가시고 노래만 남아

님은 가시고
고요한 저녁엔 노래만 남았습니다
당신의 목소리 닮은 멜로디가
창가에 앉아 나직이 불려옵니다

손 끝에 머물던 따스함도
이젠 바람같이 스쳐가고
그리움은 오래된 악보처럼
하루에도 몇 번씩 펼쳐지지요

함께 걷던 그 길
말없이 마주보던 시간들
모두 잊은 줄 알았는데
당신의 노래가 흐르면
다시 살아나네요

님은 멀리 떠났지만
그 노래는 아직 여기
내 마음 한가운데서
당신을 부르고 있습니다

황혼의 노래

하루가 저물 때
빛은 서서히 땅으로 내려 앉는다
바람은 말을 멈추고
하늘은 마지막 색을 조심스레 펼친다

황혼은 언제나 갑자기 오는 법
어느새 창가엔 붉은 그림자가 들고
멀리 떠나가는 새들의 선율이
가만히 내 마음에 내려앉는다

나는 가만히 앉아 이 순간을 듣는다
지나온 날들이 천천히 떠올라
하나의 음처럼 하나의 길처럼
노을빛 사이로 이어진다

젊은 날, 나는 달리는 법만 배웠고
멈추는 법은 가르쳐 준 이가 없었다
하지만 지금은 안다
천천히 걷는 저녁이
가장 긴 여운을 남긴다는 걸

황혼의 노래는 소리 없이 흐른다
누구도 모르게 속삭이며
그리움과 후회 따뜻함과 이별을
모두 하나로 품는다

슬픔은 떠나가고

내 생애 좋은 날이 오시려나
슬픔은 조용히 찾아왔네
저문 노을빛처럼
소리없이 스며들어
내 마음 한 쪽을 깊이 물들이며
바람은 차갑게 불고
시간은 멈춘 듯 흘러가고
그 끝이 보이지 않는 밤을
나는 혼자 걸어왔네

얼마나 더 지나야 할
이 눈물 젖은 길 끝에
새벽이 찾아올까
슬픔이 떠나간 자리엔
햇살이 스며들까
내 생애도 좋은 날이
어디선가 오고 있을까
겨울이 지나면 봄이 오듯이
상처 난 마음에도 꽃이 필까
아팠던 시간은 바람이 되어
멀리멀리 날아갈까
지나간 고통은 물결처럼 흘러
다시는 돌아오지 않을까

우리가 살면서

즐겁고 행복한 시절이 얼마나 있었나요
지난 날의 회한의 정에
아쉬움에 마음 저려옵니다
후회를 해도 지난 세월은
돌아올 수 없듯이
남은 것은 초라한 늙은 모습뿐이군요
참되게 베풀면서 살아야지
살려주는 순간까지 믿음 지키면서
밀양 얼음골 풍경
아름다운 빨간 단풍
너무 눈부시게 아름답구나
온 산야가 누렇게 물들은 가을 향연
도취된 마음까지
가을에 물들고
머지 않아 추운 겨울이 오겠지
정말로 놓치고 싶지 않은
이 순간 가을은 풍요의 안식처

노오란 만리향 꽃

가을이 오면 노오란 꽃송이
겹겹이 쌓인 곳에 향기 주머니가 있을까
만리향 냄새
은은한 향이 사방팔방 날아갑니다
너무 좋은 냄새
내가 만리향 냄새를 맡아본 것은 40살 가을
일본 나라현 천리교 본부 입구에
만리향 꽃은 지척에 널리 피어있었습니다
이 냄새를 맞으며 참배 갔습니다
향내도 영원히 풍길줄 알았는데
13일 정도 되니 냄새가 사라졌습니다
안타까워 향기를 맡으려고
시들어져가는 노란 꽃잎에
긴 호흡을 했지만
냄새는 더 이상 나지 않았군요
아아 안타까워라
자연의 섭리를 깨닫습니다
우리 인간도 천만 년 살고 싶지만
때가 되면 떠나야 하는 순리를 깨닫습니다
우리 인간도 이 땅에 살면서
자기의 향기를 남에게 전하는 사명입니다
나쁜 향기 남이 싫어하는 향기가 되지 말고
남이 좋아하는 그런 향기로운 인간이 되어야 합니다
타고 난 성질 버리고 덕을 쌓는 실천

남에게 베푸는 관용과 덕으로 풍기는
베푸는 인간이 되어야 합니다
짧은 순간이지만 자기 역할 다 하고 시들어간 만리향
그 냄새 나면 가을이 그립습니다
일본 천리 본부가 그리움 되어 향수가 밀려옵니다
아름다운 향기여
너의 향기가 그립구나
길 잃은 인간들에게
삶에 지친 인간들에게
너의 향기 가득히
풍겨주렴
영원히 변치 않는 진리를 가슴 깊이 새겨주어요
떠나가는 가을을 아쉬워하며

홀로 핀 야생화

넓은 들판 오솔길 홀로 외로이 핀 야생꽃이여
이름 몰라도 좋아요
도토리 나무 우수수 떨어지는 도토리 열매까지
너가 아름답구나
아무도 너희들을 물을 주고 거름도
영양제도 줄 사람도 없지만
홀로 피어 우리 인간을 이롭게만 하구나
때가 되면 미련 없이 시들어 바람 불 땐
떨어지는 낙엽처럼
지난 여름 폭염에 허덕이며
목마름을 견디며
태풍 불어도 모진 비바람을 잘도 견디며
굳세게 잘 견딘 너희들이 너무 좋단다

온간 병풍해적들을 막아내며
가을을 맞았구나
잘 자란 너희들 향긋한 꽃향기 날리며
나비 떼가 벌들이 날아오지
결실 맺는 가을까지
겨울이 오면 또 시들어가는 야생초
정녕 인간을 위해 봄이 오면 또 피어날 야생초
정말 고맙다
아무것도 해준 게 없는데
온실 속에 집에 키운 꽃은
온갖 사랑 받으면서
자라나지만 정녕 너희들은
자연이 준 그대로 너희들만의 아름다움을 향기를 지녔구나
고마워, 꽃이 피는 봄에
또 보러올게

단풍에 젖어보며

가을 내 단풍 구경 다녔다
단풍잎만 단풍이 아니다
물 드는 건 단풍이다
떠나는 가을이 산마다 곱다
아름답게 물들던 산 그늘이
알록달록 수런거리던 산자락이
골짜기마다 마침내 울긋불긋 타오르거나
새 울음소리 눈물 없듯
골짜기들 타올라도 연기가 없듯이
마지막 저렇듯 타오른다면
타오르는 골짜기들이
소리도 눈물도 연기도 없이
멍들은 가슴을 쓸어내린다

나쁜 인연

몰래 나쁜 짓을 하는 동안
자다가 낮에 나쁜 짓하던
행위가 꿈에도 악몽을 꾸었다
목이 잠겨 노래 못하던 때도
사람들 앞에서 노래하는 꿈도 꾸었다
나쁜 짓도 못한 것도
간절하지 않았던가
아무리 피하려 해도
생각마저 안 하려 해도
몹쓸 인연은
그 흔한 꿈속에도
악몽을 꾸었다
생각도 하기 싫은 악몽이
양심의 가책 속에 잠재되어
나를 채찍질한다

가끔은 어리석은 척 살아보자

요즘 세상에 어리석은 사람 찾아보기 힘들다
모두 영리하고 똑똑하고 계산이 빠르며
이익에도 밝다 영악하다
영리해지기는 쉬워도 어리석은 짓은 힘들다
어리석음 따라하기가 어렵다
영악한 인간은 남에게 상처를 줄 수 있지만
어리석은 인간은 사랑을 받을 수 있다
가끔은 어리석은 척 살아보자
영리한 사기꾼보다는 진실한 순박한 바보가 되자
다 제 잘났고 제 나름대로 똑똑하고 계산이 빠르고
이권에도 영악한 사람들이
사회는 그렇게 제 잘난 맛에 흘러만 간다
가진 것 없고 어리석은 사람이 살기엔
너무 고달픈 현실
각박한 사랑 없는 상부상조의 정신마저 사라진 현실
이대론 더 혼탁한 사회가 됩니다
네 마음을 낮추고 친절과 베풀면서
서로 도와가는 이타의 정신이 아쉽습니다
모든 걸 내려놓고 욕심 사심 다 내려놓고 사랑이란
단어로 실천하는 사회
너와 나는 형제 같은 마음으로 서로 도와가는 정신
이런 마음이 되면 정치판도 달라지고
진정으로 국민을 생각하는 정치인이 됩니다
국민들은 성숙한 선진대열에 오릅니다
나를 버리고 남을 도와가는 이타의 정신 닮아갑시다
실천합시다
좋은 세상은 우리들이 만들어갑니다

대동여지도 김정호

묵은 땅 위에 펼쳐진 백 리의 길 천 리의 산 김정호의 눈에 비친 조선의 풍경은 단 한 점도 흐릿함 없이 그려져 갔네 대동여지도 그 하나의 지도가 되어 고요한 역사의 흐름 속에서 온 나라를 품고 있네 산과 강 고을과 마을이 하나하나 손끝에서 살아 숨 쉬며 그 위에 고스란히 담겨 있네

조선의 땅 그 넓은 대지를 걷지 않고 그려낸 꿈 그 정밀한 상상력 그는 이미 알고 있었네 이 땅의 모든 이정표가 단순히 지리만을 기록하는 것이 아니라 백성들의 삶과 마음을 담아내는 일임을

김정호 그대의 손끝에서 태어난 대동여지도는 그저 지도가 아닌 조선의 심장 속 살아 있는 기록이었네 그 지도 속에서 길을 찾고 그 대지 위에서 꿈을 이어가던 그 시대 사람들의 발자취가 지금도 여전히 나를 이끈다

김정호여 그대가 그린 세상이 오늘날에도 여전히 살아있는 우리의 지혜와 유산임을 우리는 영원히 기억하리라

일찍이 백두산을 걸어서 3번 올랐고 최남단 동래까지 7번을 걸은 탐사로 마침내 대동여지도가 탄생했네.

겨울의 문턱에서

우중충한 겨울 비가 내리고
미세먼지로 공해 매연에 오염된 하늘마저 어둡구나
거리나 산길이나
미세먼지가 하얗게 쌓이고
뒤돌아 보니 내 걸음 발자욱도 남는다
한치 앞을 모르는 채
헛된 꿈을 안고 현실에
아웅다웅 매달려선
궁색 맞은 나의 인생길
도시의 온갖 공해와 미세먼지로 가득한
이 거리에 궂은 비는 3일째 씻어주려고
하염 없이 내리고 있다
사람들은 이 세상에서 마침내
쓸쓸하게 떠나가는 것을
하늘보다 더 알아버린
뿌연 미세먼지 바람이
희뿌연 백발을 때리며 스쳐지나간다
12월은 그렇게 아쉽게도
숱한 미련을 안고
떠나가고 있다

가을이 가네

온 산야에 푸른 잎새에서
붉은 옷을 입었네
타는 듯이 붉게 물든
빨간 단풍
아름답다 못해 핏빛 같이 섬뜩하구나

금정산 공원 길에
빠알간 단풍이여
앙상한 나뭇가지에 노오란 잎새들이
우수수 떨어지네
산책길에 노란 이파리가 많이도 쌓였구나

찬바람에 감기 들까
귀가를 서두르네
차가운 바람 불 때마다
미련 없이 우수수 비애를 안고 떨어진다

행여나 오시려나
가슴에 솟아나는 그리운 사랑
미지의 그대와 함께 걸어가는 가을의 그리움

아버지, 어머니 고맙습니다

아버지 어머니 이 세상에 태어나게 하신 은혜 고맙습니다
불효자 자식 뉘우쳐도
아무 소용 없는군요
제 나이 73세 되었습니다
손이 끊길 걸 생각하면
가슴이 저려옵니다
살아 생전 하신 말씀 새겨 듣고
열심히 살았으면 이렇게도 안 될걸요
인연 따라 잠시 왔다
인생 마치고 언제 이 땅을 떠날지 불안합니다
아무것도 이룬 것도 없이
아버지 어머니 저를 태어나게 해주셨기에
이 아름다운 세상을 볼 수 있었습니다
좋은 것도 나쁜 것도 보면서요

대 자연 4계절의 섭리
온 산야에 붉게 피어오른 진달래꽃
흰개화 벚꽃 푸른 하늘 뭉게구름 흰 구름 따라 흔들리는 나뭇잎
세상에 흔들리는 모든 자연이 아름다운 세상입니다
어머니 아버지 고맙습니다
죽을 고비 모진 고통을 내 살아온 길을
한 권의 책을 써도 모자란다 하신 아버님 목소리가 생생하게 들립니다
아버지 어머니 생전 사랑했던 우리 누이 신전에 위폐를 모셨습니다
영원히 영면하시옵소서
불효한 자식 엎드려 용서를 빕니다

제4부 | 이빨 뽑던 날

인생길

뒤돌아보면 내 걸어온
발자취 굽이굽이 고갯길
서러운 날도 슬펐던 날도
내 삶에 즐겁고 행복한 날이 얼마나 있었을까
굽이굽이 서린 한 많은 날이 더 많았다
이리 흔들 저리 흔들 가파른 고갯길
잘도 걸어왔네
죽을 고비도 믿었던 사람 다 내 곁을 떠나고
상처를 주고 간 인연들
내 전생의 업장이었구나
내 스스로 부덕한 소치도 깨닫고
슬픔을 삭히면서 걸어온 인생길
어언 73년 살아온 것도
님의 은총 은혜 속에 안 죽고 잘도 걸어왔다
인생길 어떻게 표현 할까요
마지막 어느덧 73년 나의 생애 살려주신 은혜님이여
고맙고도 감사합니다
앞으로 얼마나 나의 길이 될지 모르지만
사는 날까지 즐겁고 감사하게 용솟음치며
나에게 주어진대로 최선을 다하는 일꾼이 될래요
하루를 평생의 길로 생각하고 좋은 일하며
남이 안 알려주어도 묵묵히 좋은 씨앗 뿌릴래요
좋은 글도 쓰고 좋은 진리의 길로 인도하는
선각자 역할 다 할게요
남은 생 아름답게 즐겁게 살아갈래요

영원한 은혜여

세상을 만드시고 인간을 창조하신 어버이님이여
일분일초 쉬지 않고 만물을 생성시켜 주시는
어버이님이시여
우리의 생명 되신 분이여
사랑을 주는 분
영원한 사랑을 주시는 어버이님이여
바로 부모님의 자식 사랑입니다
희생과 사랑으로 우리들 살려주시지만
은혜를 강요하지 않았습니다
인간의 마음 성인을 기다렸습니다
보고싶은 어버이님
포괄적이고 내재적이신 당신이여
우리들의 성인을 기다리신 님
멀리 계신 님이 아니라
바로 우리 곁에
더 나아가 우리들의 마음 속에 내재하고 있습니다
서로 도와 상부상조의 실천으로
한 마음 한 뜻으로 싸우지 말고
일렬 형제라는 이치 이념 깨닫자
창조주의 자비 사랑이 포근히 안길 것입니다
신상의 가르침
인간의 모든 번뇌다
어버이 마음에 깃들면 다 소원성취 이룹니다
천국과 지옥이 멀리 있는 것이 아니라
바로 우리들 마음속에 있습니다

구십 네 살에 TV 무대에 올라

방송국 무대에
올라 노래 부르는 박정란 할머니
81세에 데뷔했다
남들은 은퇴할 나이에 데뷔했다
용기를 내자
용기와 열정, 배우자
함경도에서 19살에 서울로 피난와서
죽어라 일했단다
33살에 결혼 시집살이도 모질게 견뎠다
81살 가수 데뷔
지금도 94살에 온 방송국에 출연하며 무대에
올라가면 신이 나게 노래 불렀다
공연 없는 날은
성남시장에서
길에서 노점상 한단다

행복했던 어린 시절

동짓날이 오면 우리 어머니
뜨거운 김이 솔솔 오르면
나이 숫자대로 큰 양푼이에
새알을 듬뿍 떠서 한 살 먹는다
이것 다 먹어라 하시던 어머니
목소리가 잊을 수가 없어요
오늘은 우리 강아지 나이 한 살 더 자시기에
맛있게 국그릇 비우고 나니
코끝이 찡해온다
새알심 둥둥둥
환하게 웃으시던 아버지 어머니 생각에
가슴이 쓰려오네
어머니의 환한 음성
지금도 내 가슴에 남아있어요

나는 컴맹이다

시대를 따라가지 못 하는 나의 능력 한탄스럽다
자판만 두드리면 거뜬히 작품완성할 건데
나는 고집스레 카렌다 뒷면에다 작품을 썼다
출판사 김 사장한테 폐를 끼쳤다
누가 이 바쁜 세상에 이걸 들고 와서 나더러 써달란 말이요
컴퓨터 사다가 자판 두드리는 것을 배우세요
앞으로 이러면 난 안 써줄거요
내 고집 한계를 느낀다
컴맹이 되어서는
내 남은 여생 글쓰기는 틀렸다
우둔한 두뇌에다 자판기 잘치기에는 역부족이구나
나를 채찍질하는 소리로 받아들이기엔 너무 늦었다
옛날 선배님들은 어두운 밤 호롱불 속에서도 명작이 나왔다
자판만 두드리면 거뜬히 해올 일을
모든 게 기계화 되어가는 것이 안타깝구나
그 시절이 그립구나
배워야지 하면서 자꾸만 주저한다

외할머니 그리워라

응석 부리며 투정 부려도
그저 웃으며 안아주던
외할머니 생각이 가슴을
뭉클하게 내 가슴에 남았어요
내 고향 창영 성산 골짝에는
부산서 청도까지 기차 타고
100리 머나먼 금동마을
태산 같은 마량제를 넘어야
그리운 외할머니가 날 기다린다
어린 나이에 오르고 올라도
다가오지 않는 태산같은 오솔길
마침내 마량제 정상까지
아버지 어머니 손잡고 올랐다
저 밑에 보이는 동네
외할머니가 기다린단다
어떻게 내려왔는지
할머니 부르면서 살짝 문을 열고 들어가면
맨발로 뛰어나와 나를 안아주던
할머니 생각을 잊을 수 없어요
내 자신 74살 늙은이가 되어도
어린 내 마음은 가슴에 남아있어요
응석도 억지 투정도 품어주던
따뜻한 품 잊을 수가 없어요

어둑한 남산동

어둠이 내리면 간간이 오고가는 사람들
그 옛날 동래군 북면 남산리 산자락이었지
적막이 맴도는 골목길 걸어
산복도로로 올라가는 길
저마다의 꿈을 안고
하루 일을 마치고
보금자리 찾아 올라간다
여름밤 풀벌레 울어대도
밤의 길 올라간다
희미한 가로등 불빛 보며 걸어간다

오곡백화

갈수록 여름은 불가마같이 온 대지가 타들어갔다
입추가 지나도록
뜨거운 용광로 폭염은 식을 줄 몰랐다
추석 전야 어느새 여름이 가고
가을이 오고 있었다
시장에 나가면
커다란 배 사과 포도가 시판되고 있었다
뜨거운 태양 빛으로 오곡 백화는 잘도 영글었구나
온갖 그리움을 안고
가을은 우리 곁에 왔구나
뜨겁던 여름이여
잘 가라 온갖 더위에도
오곡백과는 우리 곁에 왔다
하나의 결실을 맺기 위해
하늘은 그렇게도 시련을 주었다
저 가슴 밑바닥부터
천고마비의 가을이 오고 있었다
청명한 하늘 가엔 푸른 하늘
하얀 구름 꽃이 뭉실뭉실 피었다
아련한 그리움이 물결친다

토함산 가는 길

60년 만에 오르는 경주 토함산
감회가 새롭다
천진했던 초등 6년생
가슴 설레며 불국사에서 토함산 석굴암까지
가쁜 숨 몰아쉬며 올랐다
희망이 있었다
터벅터벅 오르던 길
60년만에 오르는 볼품 없는 늙은이 되어
옛 추억을 그리며
차도 안 타고 터벅터벅
헐떡이며 올랐다
아슬아슬 산정상 석굴암에 당도했다
희망도 꿈도 다 떠나고
6년 수학여행 생각하며 걸어온다
산천은 온데간데 없고
늙어버린 내 처지
눈시울이 글썽인다

이빨 뽑던 날

밥을 먹다가
아아 짧은 신음을 내뱉는다
어금니 뿌리 깊은 곳에서
시작된 날카로운 통증
상대가 무심코 던진 말 한 마디에
정곡을 찔린 그 때처럼
가쁜 그 자리가 지릿지릿 통증이 온다
공연히 건드리면 아플까 봐
반대쪽으로 씹었다
습관처럼 혀는 아픈 쪽으로
음식을 씹었다
조심스레 씹었지만 마음속에
가둬들었던 가시 돋친 생각들은
날이 서고 뾰족한 말이 되어
가끔 서로를 찔렀다
잇몸이 내려앉고 잇몸이 드러나면서
진통은 길어지고
흔들림도 잦아졌다
뽑아내리는 것 이외는 방법이 없었다
뽑힌 어금니와 어금니 사이 텅빈 마음의 자리
통증보다 견디기 어려운
공허가 오랫동안 흔들리고 있었다

희망

어두움이 밀려간 대지는
동녘 밝은 서광이 비추인다
절망을 넘어 아픔을 이기고
태양빛 같이 용솟음치며 일어나자
물이 고인 곳에
땅은 모든 걸 받아들이며
더욱 단단해지는 걸
병마와 가난 절망을 딛고 희망을 가지고
지축을 올리며 힘차게 일어서자
희망이 있는 한 무한한 잠재력으로 일어서자
마음을 낮추고 남을 사랑하는 마음으로 시련을 딛고 일어서자
바보가 되자
모든 걸 비우고 내리고 용서하며 일어서자
좋은 운명이 다가온다
용솟음 치며 일어서자
좋은 서광이 비추인다

독도를 수호하며

푸른 바다 끝 그 곳에 섬이 하나 떠 있네 독도 그 이름은 한 줄기 불빛처럼 역사의 깊은 바다를 비추며 우리의 땅 우리의 마음을 지키고 있네
파도는 쉴 새 없이 밀려오고 바람은 싸늘하게 불지만 그곳에서 묵묵히 서 있는 바위처럼 독도는 흔들리지 않네 세월이 흐르고 세상의 소리가 커져도 그 섬은 여전히 우리에게 속해 있음을 우리의 목소리로 외쳐가고 있네 그 누구도 함부로 넘볼 수 없는 땅 그 곳에서 우리는 지키고 있네 우리의 땅을 우리의 역사와 미래를 당당히 세운 채 그 바위처럼 그 푸른 바다처럼 굳건히 서 있기를
독도 이 땅의 끝자락에서 우리는 변하지 않을 사랑을 품고 그대를 수호하리라 무수히 많은 세월이 지나가도 이 작은 섬 이 큰 땅을 우리의 손으로 지키며 살아가리라.

발명왕 에디슨

이름하여 토머스 알바 에디슨 사람들은 그를 발명가라 불렀지만 그는 알고 있었다 그가 만드는 건 단지 기계가 아니라 세상의 방향이었다
어린 시절 교실은 그에게 좁은 상자 같았고 선생은 그의 머릿속 불꽃을 이해하지 못했다 그래서 그는 학교를 떠났다 세상이라는 더 큰 실험실을 택했다
밤새도록 램프 불빛 아래 백 번 천 번 만 번 실패하고 다시 조립하고 망치질에 손끝은 터지고 구리선은 탄 냄새를 풍겼다 그러나 그는 웃었다 "나는 실패한 게 아니라 될 수 없는 방법을 하나 더 알아낸 것뿐이야"
그의 머릿속은 영겁의 번개였다 축음기 전등 전신 전차 영화… 그가 손댄 것마다 불가능은 조용히 사라졌고 문명은 새로운 옷을 입었다
그러나 그도 사람인지라 밤이면 외로웠고 어머니의 목소리가 그리웠고 기계들 틈에서 인간의 체온을 꿈꾸기도 했다
수천 개의 특허증을 손에 쥐고도 그는 오만하지 않았다 그는 말했지 "나는 천재가 아니다 나는 단지 지치지 않고 노력할뿐이다"라고

소파 방정환 선생을 기리며

세상은 너무 커서 작은 손들이 길을 잃기 쉬운 곳 그 속에서 한 사람이 아이들의 눈높이로 무릎을 꿇었다
그의 이름은 방정환 그러나 아이들은 그를 '소파'라 불렀다 세상에 가장 편안한 자리 가장 따뜻한 마음
"어린이는 나라의 씨앗" 그 말은 단지 구호가 아니라 그의 삶 전체였다
글로 말로 사랑으로 아이들을 품은 사람
천도교 소년회, 잡지《어린이》그 안에 담긴 건 단어가 아니라 존중이었고 문장이 아니라 꿈이었다
그는 말없이 가르쳤다 "아이를 꾸짖기보다 먼저 귀를 기울여야 한다"고 "어른은 커졌을 뿐더 나은 존재는 아니"라고
짧은 생, 서른세 해 그러나 그 속엔 백 년을 살아도 못 남길 빛이 있었다
오늘, 아이들이 웃을 수 있다면 그 웃음 속엔 소파 선생의 따뜻한 그림자가 아직 머물고 있는 것이다

일본 미우라 아야코 여사
-『빙점』의 작가

눈 덮인 아사히카와 그 침묵의 도시에서 한 여인이 펜을 들었다 고통 속에서 태어난 글자들이 한 줄 한 줄 빛을 품었다
병상 위에서 젊은 시절을 보내며 그녀는 깨달았다 고통은 끝이 아니라 질문이었고 신은 멀어지는 이름이 아니라 깊어지는 호흡이었다
『빙점』한 생명의 출처를 향한 잔혹한 진실의 여정 그러나 그 끝에 놓인 것은 차가움이 아니라 따스한 용서였다
사람은 상처로 태어나 사랑으로 치유되는 존재임을 그녀는 이야기했다 냉정한 현실 속에서도 믿음은 얼지 않는 불꽃임을
미우라 여사 당신의 문장은 눈처럼 조용히 내려 한 사람의 마음에 그리고 또 한 사람의 삶에 조용한 기적을 남깁니다

아버지의 뒷모습을 회상하며
- 60년 전에 돌아가신 어버지를 그리며

저녁 어스름 골목 어귀 구부정한 어깨 하나 하루의 무게를 등에 진 채 천천히 집으로 돌아오던 모습
아무 말 없이 구겨진 셔츠 끝에 묻은 피로와 닳은 구두 뒤축 소리에 가슴이 먹먹해진다
늘 앞서 걸었고 뒤돌아보는 일 없었지만 그 걸음 하나하나가 나를 위한 길이었다는 걸 이제야 알았다
웃음보다 한숨이 많았고 꿈보다는 책임이 먼저였던 아버지 힘들다는 말조차 자식 앞에서는 금기처럼 삼켰던 아버지
어릴 적엔 그 뒷모습이 크기만 했다 멀게만 느껴졌던 등, 지금은 두 눈 감으면 가장 가까이 떠오른다
살아 있을 때 한 번만이라도 "수고했어요" 그 말 해드렸다면 좋았을 텐데 이름을 불러도 대답 없는 자리에 바람만 지나간다 긴 세월 견뎌낸 침묵 속에 사랑이 얼마나 컸는지 늦게서야 배운다
아버지, 한 번만 딱 한 번만이라도 그 등 뒤를 다시 따라 걷고 싶다 이번엔 말 없이 울지 않고 등을 토닥여 드리고 싶다
60년 전 돌아가신 아버지를 회상하며 눈물 짓는다

청암(淸岩) 성병조 제2시집

인쇄 : 2025년 7월 10일
발행 : 2025년 7월 15일

지은이 : 청암(淸岩) 성병조
펴낸이 : 김영찬
펴낸곳 : 도서출판 부산문학
발행처 : 도서출판 한국인
주소 : 부산광역시 동구 중앙대로 308번길 7-3
전화 : 051-929-7131, 010-3593-7131
전자우편 : sahachan@naver.com
출판등록 : 제2014-000004호

ISBN 979-11-92829-54-8 (03810)
정가 10,000원

 ⓒ 성병조 2025, Printed in Korea.
이 책은 저작권법에 따라 보호 받는 저작물이므로 무단전재와 무단복제를 금지하며,
이 책 내용의 전부 또는 일부를 이용하려면 반드시 저작권자인 저자와
도서출판 한국인의 서면 동의를 받아야 합니다.
파본이나 잘못된 책은 구입처에서 교환해 드립니다.

본 시집은 한국예술인복지재단의
2024년 일반 예술활동준비금(구, 창작준비금)으로 인쇄제작 되었습니다.